AF189034

Impressum
Verlag: BABADADA GmbH, Nedderfeld 112 , 22529 Hamburg
Geschäftsführer / Verlagsleitung: Harald Hof
Druck: Books on Demand GmbH, In de Tarpen 42, 22848 Norderstedt

Imprint
Publisher: BABADADA GmbH, Nedderfeld 112 , 22529 Hamburg, Germany
Managing Director / Publishing direction: Harald Hof
Print: Books on Demand GmbH, In de Tarpen 42, 22848 Norderstedt, Germany

学校

kool

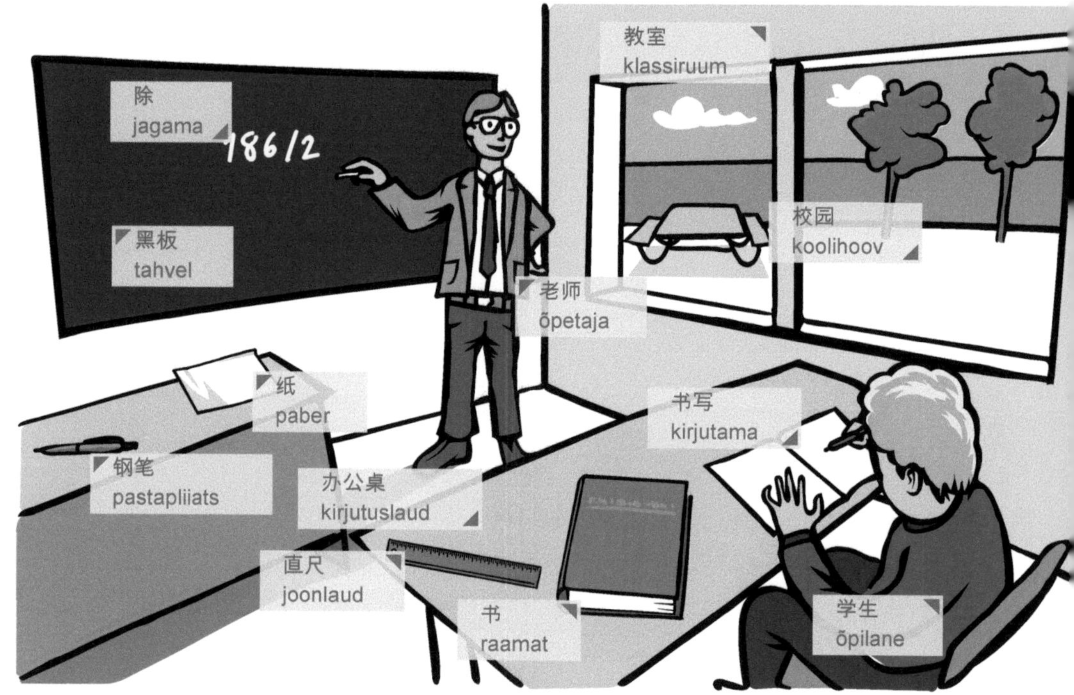

教室
klassiruum
除
jagama
186/2
黑板
tahvel
校园
koolihoov
老师
õpetaja
纸
paber
书写
kirjutama
钢笔
pastapliiats
办公桌
kirjutuslaud
直尺
joonlaud
书
raamat
学生
õpilane

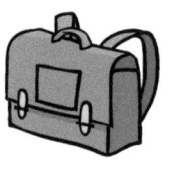

书包

koolikott

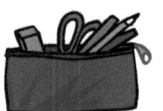

铅笔盒

pinal

铅笔

harilik pliiats

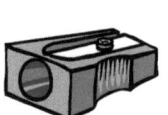

卷笔刀

pliiatsiteritaja

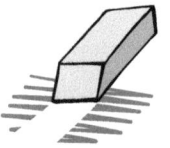

橡皮擦

kustukumm

画板

joonistusplokk

图画
joonistus

画笔
pintsel

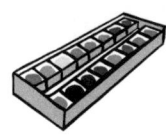

颜料盒
värvikarp

剪刀
käärid

胶水
liim

练习册
töövihik

家庭作业
kodutöö

12

数字
number

2+2

加
liitma

5-2

减
lahutama

2×2

乘
korrutama

计算
arvutama

A

字母
täht

ABCDEFG
HIJKLMN
OPQRSTU
VWXYZ

字母表
tähestik

hello

字
sõna

课文

tekst

读

lugema

粉笔

kriit

上课

koolitund

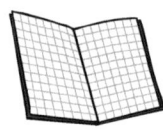

登记

klassipäevik

考试

eksam

证书

tunnistus

校服

koolivorm

教育

haridus

百科全书

entsüklopeedia

大学

ülikool

显微镜

mikroskoop

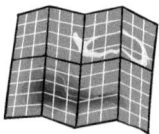

地图

kaart

废纸筐

paberikorv

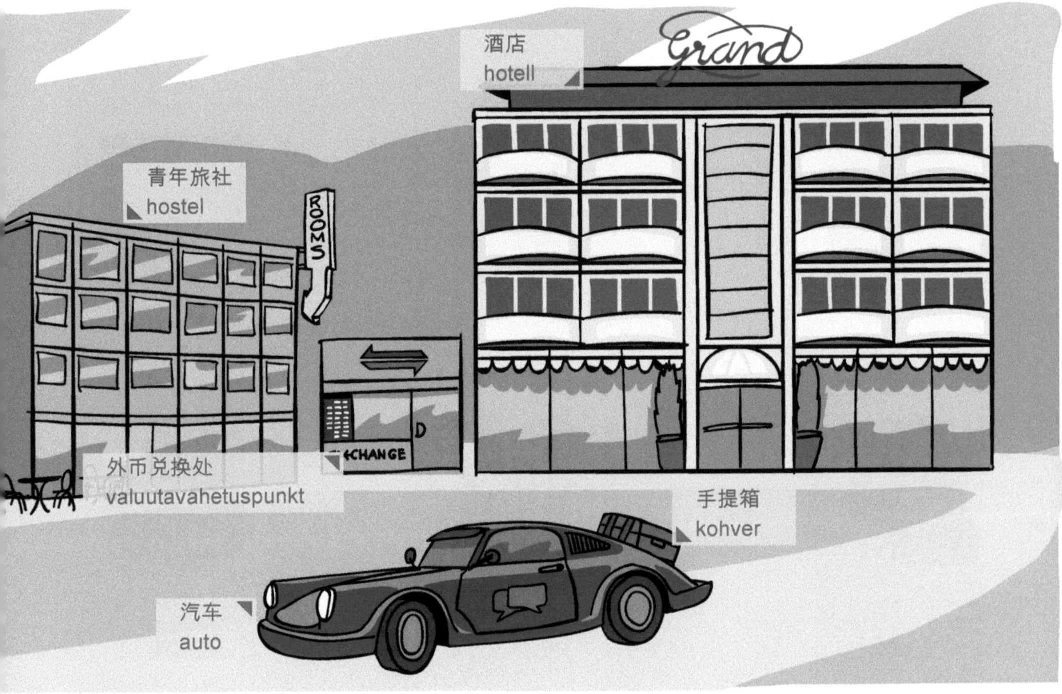
酒店
hotell
Grand
青年旅社
hostel
ROOMS
外币兑换处
valuutavahetuspunkt
EXCHANGE
手提箱
kohver
汽车
auto

语言

keel

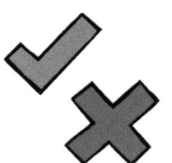

是/否

jah / ei

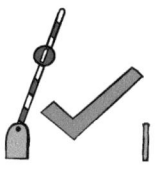

好的

okei

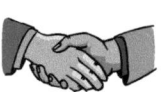

您好

Tere!

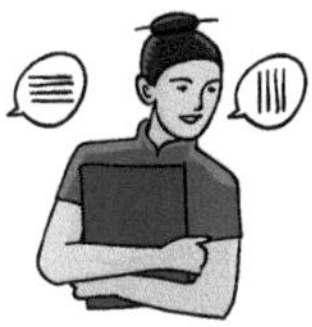

翻译员

tõlk

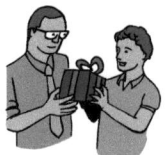

谢谢

Aitäh!

……多少钱？

Kui palju maksab …?

我不明白

Ma ei saa aru

问题

probleem

晚上好！

Tere õhtust!

早上好！

Tere hommikust!

晚安！

Head ööd!

再见

Head aega!

方向

suund

行李

pagas

包

kott

双肩包

seljakott

客人

külaline

房间

tuba

睡袋

magamiskott

帐篷

telk

旅游信息
turismiinfo

海滩
rand

信用卡
krediitkaart

早餐
hommikusöök

午餐
lõunasöök

晚餐
õhtusöök

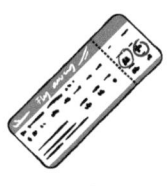

票
pilet

电梯
lift

邮票
postmark

边界
riigipiir

海关
toll

大使馆
saatkond

签证
viisa

护照
pass

旅行 - reisimine

交通运输

transport

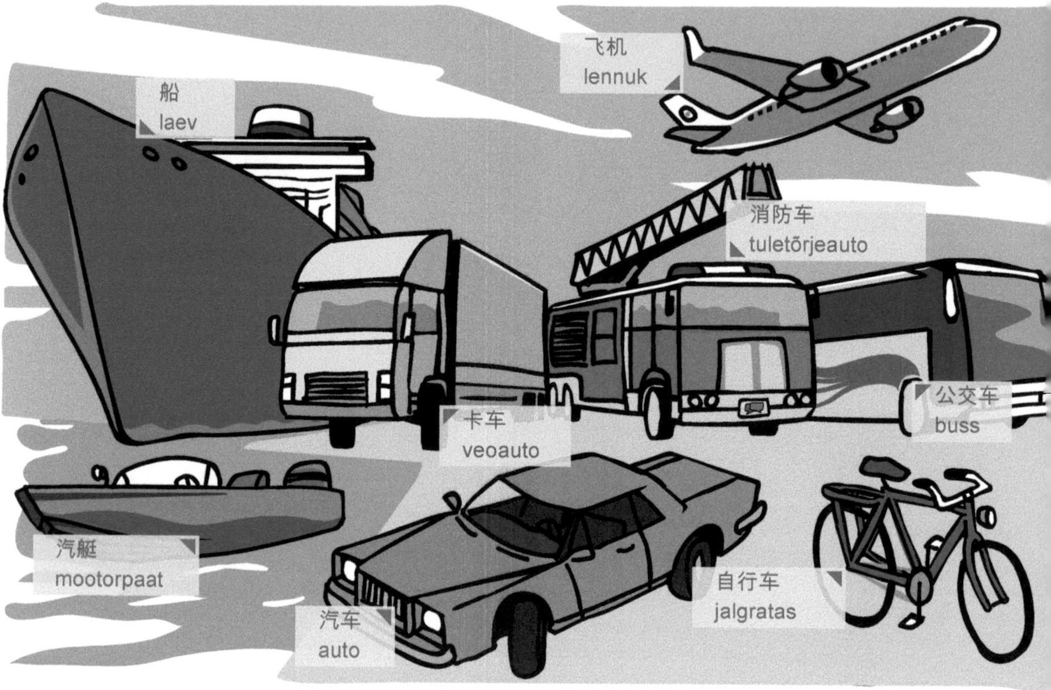

飞机
lennuk
船
laev
消防车
tuletõrjeauto
公交车
buss
卡车
veoauto
汽艇
mootorpaat
自行车
jalgratas
汽车
auto

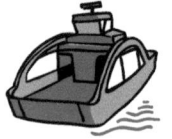

摆渡船

praam

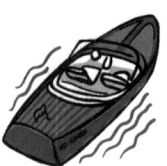

小船

paat

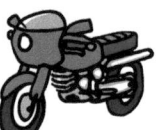

摩托车

mootorratas

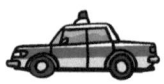

警车

politseiauto

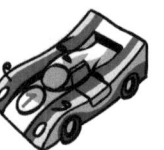

赛车

võidusõiduauto

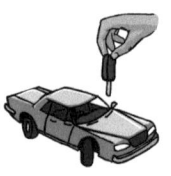

租车

rendiauto

拼车
ühisauto

拖车
puksiirauto

垃圾车
prügiauto

发动机
mootor

汽油
kütus

加油站
tankla

交通标志
liiklusmärk

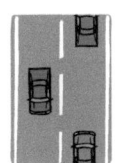

交通
liiklus

交通堵塞
liiklusummik

停车场
parkla

火车站
raudteejaam

轨道
rööpad

火车
rong

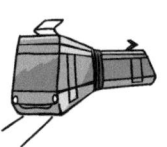

电车
tramm

货车
vagun

直升机

helikopter

机场

lennujaam

塔

torn

乘客

reisija

集装箱

konteiner

纸板箱

pappkast

手推车

käru

篮子

korv

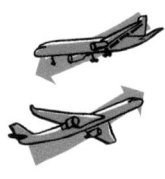

起飞/降落

õhku tõusma / maanduma

城市

linn

村庄

küla

市中心

kesklinn

房子

maja

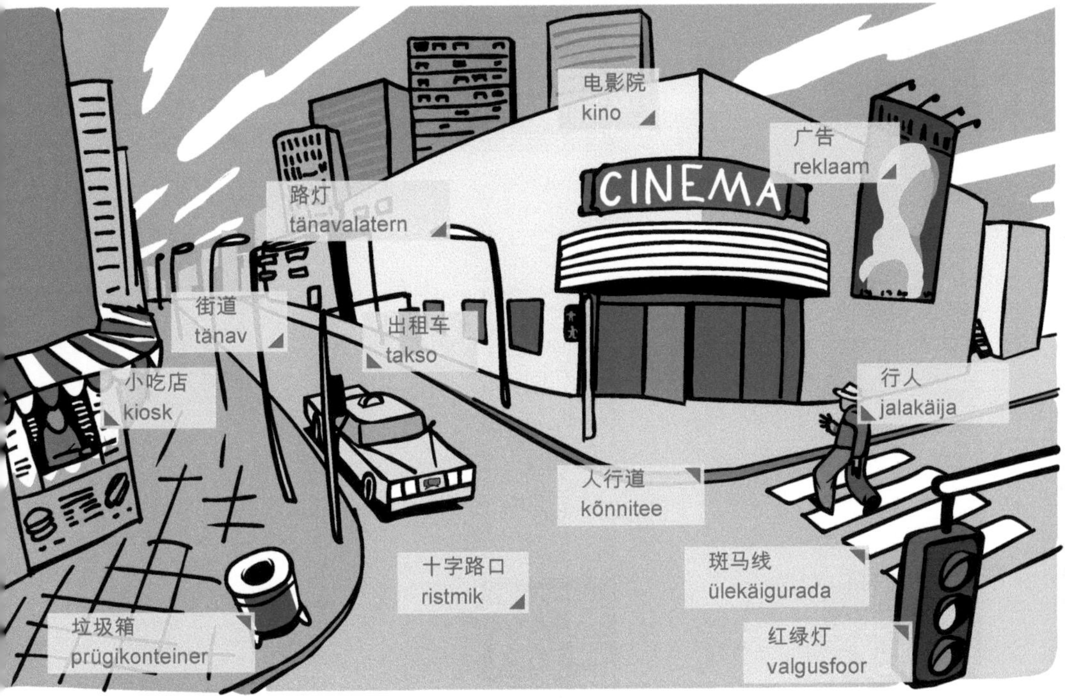
电影院
kino
广告
reklaam
CINEMA
路灯
tänavalatern
街道
tänav
出租车
takso
小吃店
kiosk
行人
jalakäija
人行道
kõnnitee
十字路口
ristmik
斑马线
ülekäigurada
垃圾箱
prügikonteiner
红绿灯
valgusfoor

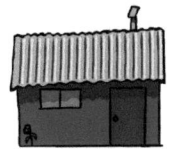

小屋

osmik

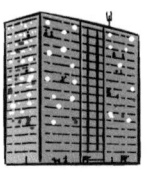

公寓

kortermaja

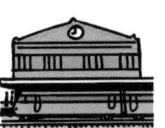

火车站

raudteejaam

市政厅

raekoda

MUSEUM

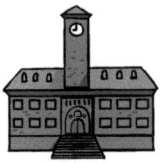

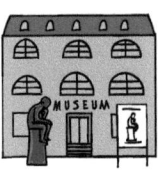

博物馆

muuseum

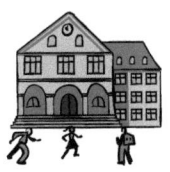

学校

kool

大学

ülikool

银行

pank

医院

haigla

酒店

hotell

药房

apteek

办公室

kontor

书店

raamatupood

商店

kauplus

花店

lillepood

超市

supermarket

市场

turg

百货商店

kaubamaja

鱼店

kalapood

购物中心

kaubanduskeskus

海港

sadam

公园
park

长凳
pink

桥
sild

楼梯
trepp

地铁
metroo

隧道
tunnel

公交车站
bussipeatus

酒吧
baar

餐馆
restoran

邮筒
postkast

路标
tänavasilt

停车计时器
parkimisautomaat

动物园
loomaaed

游泳馆
ujula

清真寺
mošee

农场
talu

污染
reostus

基地
surnuaed

教堂
kirik

操场
mänguväljak

寺庙
tempel

地形
maastik

树叶
leht

指示牌
teeviit

路
tee

草地
aas

石头
kivi

树
puu

徒步旅行者
matkaja

河
jõgi

草
rohi

花
lill

峡谷

org

山

mägi

湖

järv

森林

mets

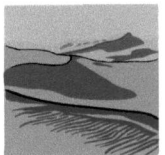

沙漠

kõrb

火山

vulkaan

城堡

linnus

彩虹

vikerkaar

蘑菇

seen

棕榈树

palm

蚊子

sääsk

苍蝇

kärbes

蚂蚁

sipelgas

蜜蜂

mesilane

蜘蛛

ämblik

地形 - maastik

甲虫
mardikas

青蛙
konn

松鼠
orav

刺猬
siil

野兔
jänes

猫头鹰
öökull

鸟
lind

天鹅
luik

野猪
metssiga

鹿
hirv

麋鹿
põder

水坝
pais

风力发电机
tuuleturbiin

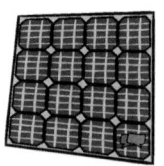

太阳能电池板
päikesepaneel

气候
kliima

地形 - maastik

餐馆
restoran

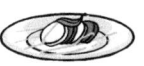

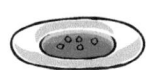

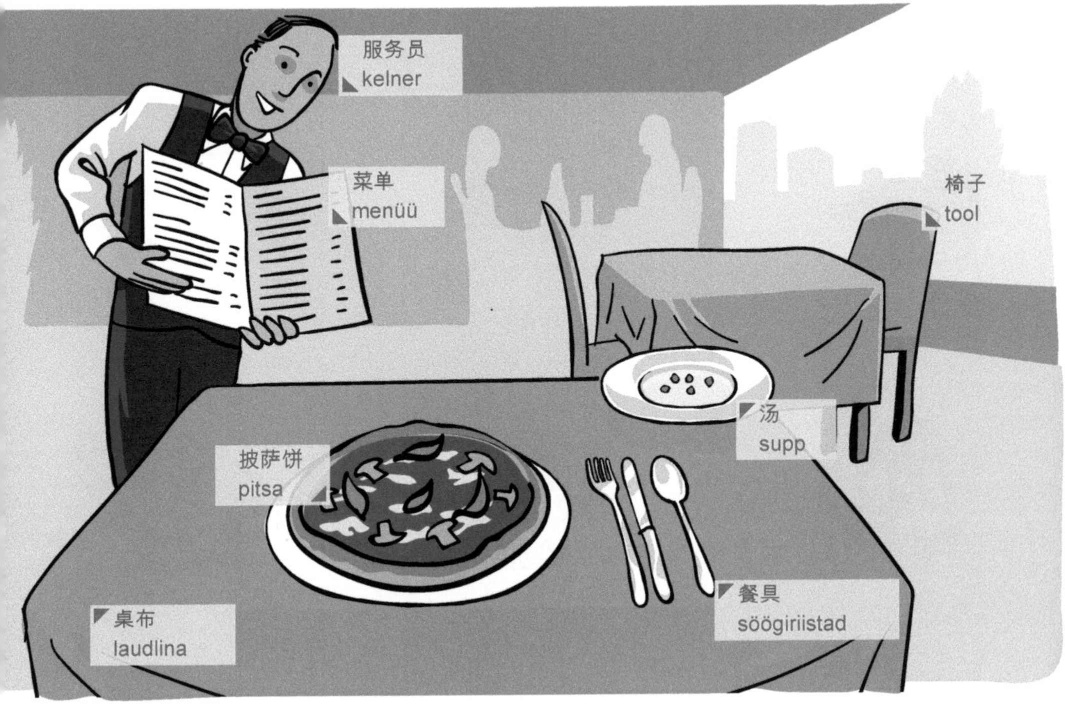

服务员
kelner
菜单
menüü
椅子
tool
汤
supp
披萨饼
pitsa
餐具
söögiriistad
桌布
laudlina

前菜
eelroog

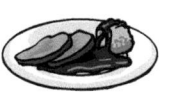

主菜
pearoog

甜点
magustoit

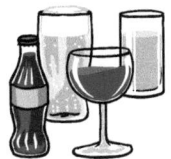

饮料
joogid

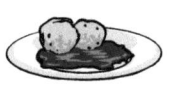

食物
toit

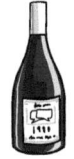

瓶子
pudel

快餐
kiirtoit

街边小吃
tänavatoit

茶壶
teekann

糖盒
suhkrutoos

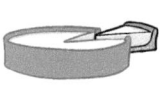

一份饭菜
portsjon

意式咖啡机
espressomasin

高脚椅
lastetool

账单
arve

托盘
kandik

刀
nuga

餐叉
kahvel

勺子
lusikas

茶匙
teelusikas

餐巾
salvrätik

玻璃杯
klaas

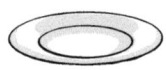

碟子

taldrik

汤盘

supitaldrik

碟子

alustass

酱

kaste

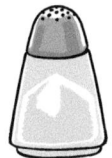

盐瓶

soolatoos

胡椒磨

pipraveski

醋

äädikas

食用油

õli

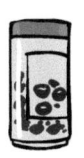

调味料

vürtsid

番茄酱

ketšup

芥末

sinep

蛋黄酱

majonees

特价
eripakkumine

顾客
klient

乳制品
piimatooted

水果
puuviljad

购物车
ostukäru

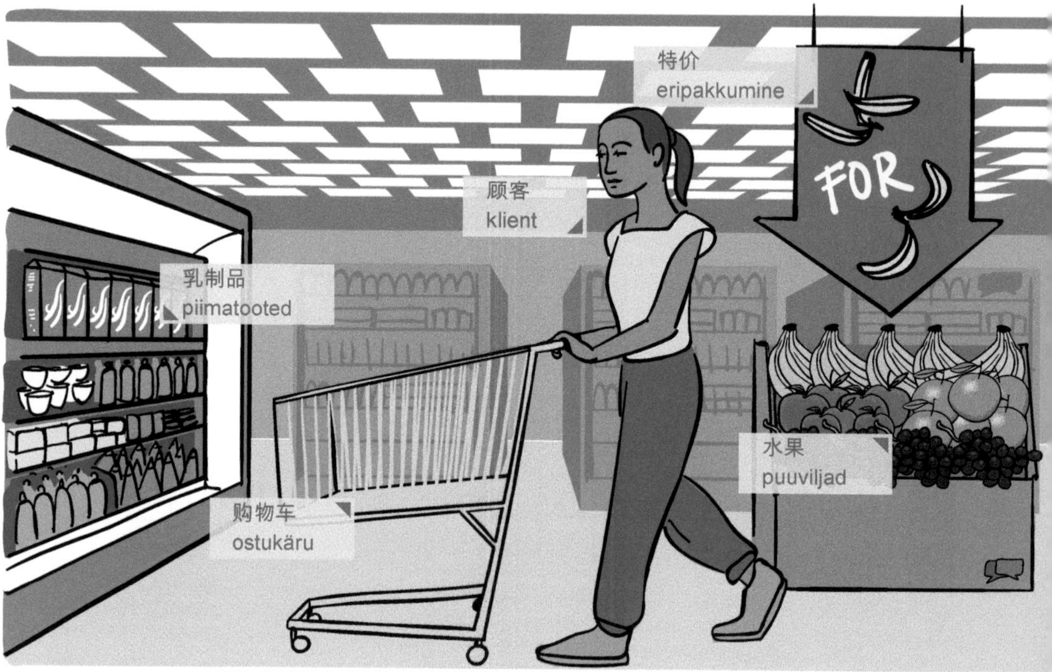

肉铺
lihapood

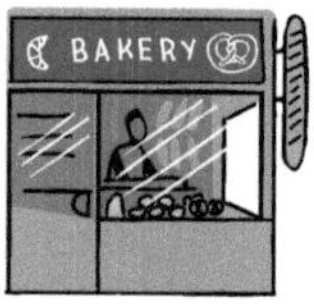

蔬菜
köögiviljad

面包房
pagariäri

肉
liha

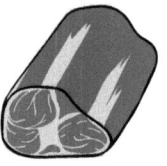

称重
kaaluma

冷冻食品
külmutatud toit

冷盘
lihalõigud

罐头食品
konservid

洗衣粉
pesupulber

甜食
maiustused

日用品
majatarbed

清洁用品
puhastustooted

销售员
müüja

收银机
kassaaparaat

收银员
kassapidaja

购物清单
ostunimekiri

开放时间
lahtiolekuajad

钱包
rahakott

信用卡
krediitkaart

袋子
kott

塑料袋
kilekott

水

vesi

果汁

mahl

牛奶

piim

可乐

koola

红酒

vein

啤酒

õlu

酒

alkohol

可可

kakao

茶

tee

咖啡

kohv

意式浓缩咖啡

espresso

卡布奇诺

cappuccino

香蕉

banaan

苹果

õun

橙子

apelsin

西瓜

arbuus

柠檬

sidrun

胡萝卜

porgand

大蒜

küüslauk

竹子

bambus

洋葱

sibul

蘑菇

seen

坚果

pähklid

面条

nuudlid

意大利面条
spagetid

米饭
riis

沙拉
salat

薯条
friikartulid

炸土豆
praekartulid

披萨饼
pitsa

汉堡包
hamburger

三明治
võileib

炸猪排
šnitsel

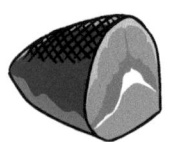

火腿
sink

萨拉米
salaami

香肠
vorst

鸡肉
kana

烤肉
praeliha

鱼
kala

燕麦片

kaerahelbed

穆兹利

müsli

玉米片

maisihelbed

面粉

jahu

羊角面包

sarvesai

面包卷

kukkel

面包

leib

烤面包

röstsai

饼干

küpsised

黄油

või

凝乳

kohupiim

蛋糕

kook

蛋

muna

煎蛋

praemuna

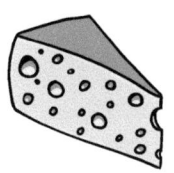

奶酪

juust

冰激凌

jäätis

糖

suhkur

蜂蜜

mesi

果酱

moos

巧克力酱

pähklivõie

咖喱饭

karri

农场
talu

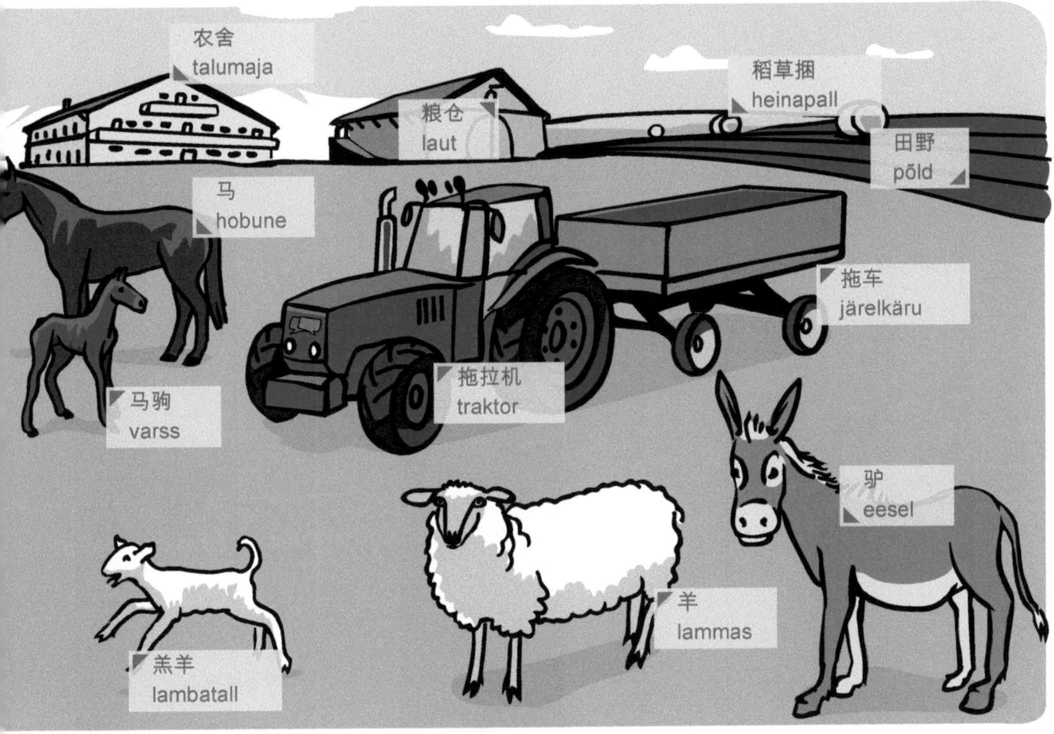

农舍
talumaja
粮仓
laut
稻草捆
heinapall
田野
põld
马
hobune
拖车
järelkäru
马驹
varss
拖拉机
traktor
驴
eesel
羊
lammas
羔羊
lambatall

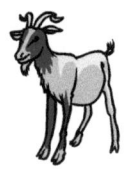

山羊

kits

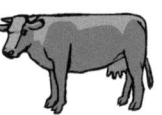

奶牛

lehm

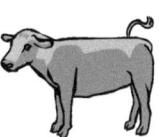

牛犊

vasikas

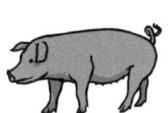

猪

siga

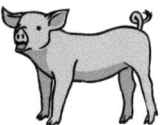

小猪

põrsas

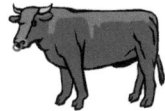

公牛

pull

鹅

hani

鸭

part

小鸡

tibu

母鸡

kana

公鸡

kukk

鼠

rott

猫

kass

老鼠

hiir

牛

härg

狗

koer

狗屋

koerakuut

花园浇水软管

aiavoolik

洒水壶

kastekann

长柄大镰刀

vikat

犁

ader

镰刀
sirp

锄头
kõblas

长柄草耙
hang

斧头
kirves

独轮手推车
käru

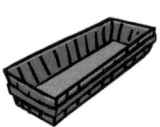

饲料槽
küna

牛奶罐
piimanõu

麻布袋
kott

栅栏
tara

马厩
tall

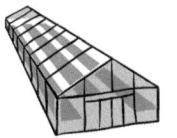

温室
kasvuhoone

土壤
muld

种子
seeme

肥料
väetis

联合收割机
kombain

收割

saaki koristama

收割

saagikoristus

山药

jamss

小麦

nisu

大豆

soja

土豆

kartul

玉米

mais

油菜籽

raps

果树

viljapuu

树薯

maniokk

谷物

teravili

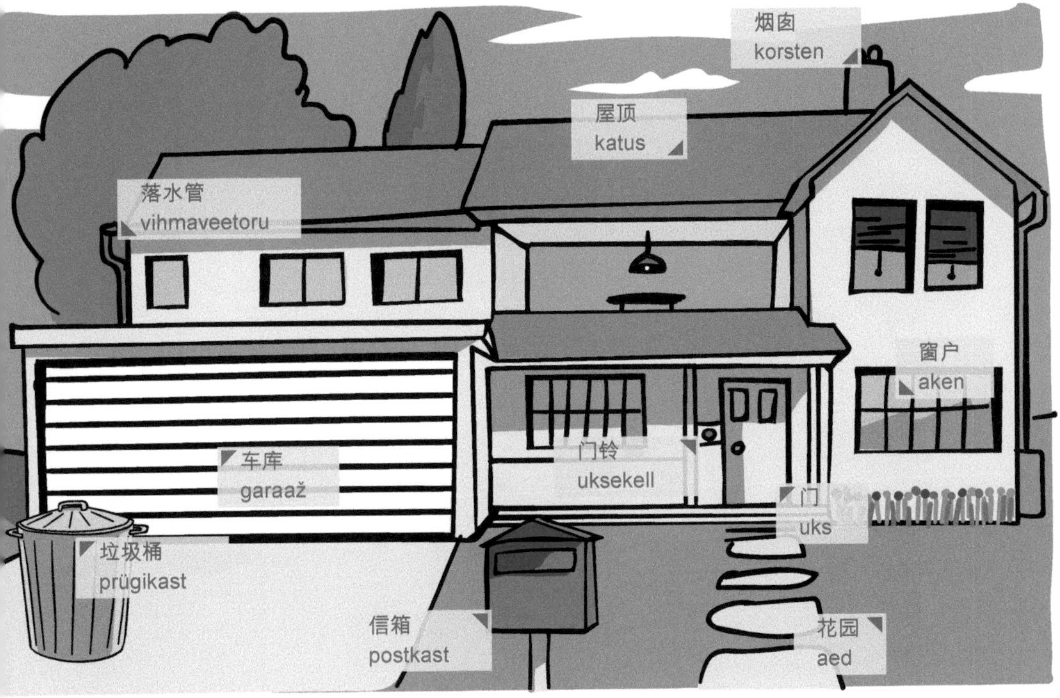

烟囱
korsten

屋顶
katus

落水管
vihmaveetoru

窗户
aken

车库
garaaž

门铃
uksekell

门
uks

垃圾桶
prügikast

信箱
postkast

花园
aed

客厅
elutuba

浴室
vannituba

厨房
köök

卧室
magamistuba

儿童房
lastetuba

餐厅
söögituba

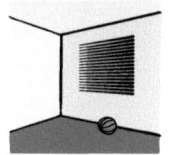

地板

põrand

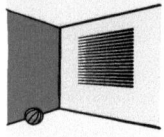

墙壁

sein

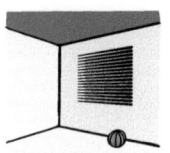

吊顶

lagi

地窖

kelder

桑拿

saun

阳台

rõdu

露台

terrass

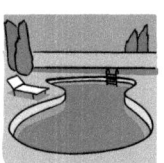

游泳池

bassein

割草机

muruniiduk

被单

voodilina

床罩

päevatekk

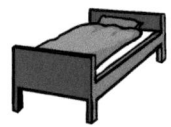

床

voodi

扫帚

luud

水桶

ämber

开关

lüliti

客厅

elutuba

壁纸
tapeet
照片
pilt
台灯
lamp
搁架
riiul
橱柜
kapp
电视机
televiisor
壁炉
kamin
花
lill
垫子
padi
沙发
diivan
花瓶
vaas
遥控器
kaugjuhtimispult

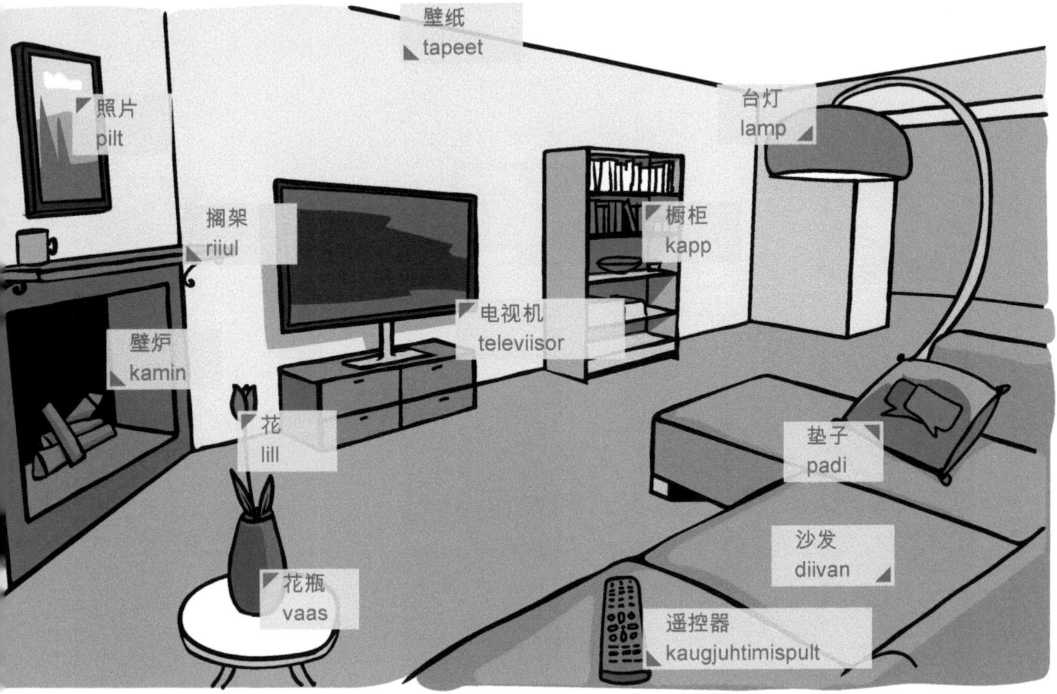

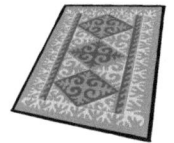

地毯

vaip

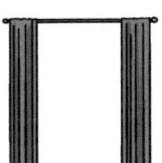

窗帘

kardin

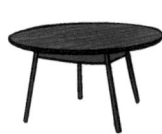

餐桌

laud

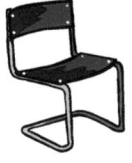

椅子

tool

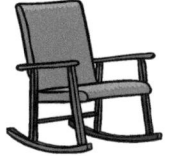

摇椅

kiiktool

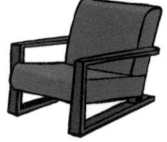

扶手椅

tugitool

书
raamat

毯子
tekk

装饰品
kaunistus

木柴
küttepuud

电影
film

高保真音响
helisüsteem

钥匙
võti

报纸
ajaleht

油画
maal

海报
plakat

收音机
raadio

笔记本
märkmik

吸尘器
tolmuimeja

仙人掌
kaktus

蜡烛
küünal

34　　　　客厅 - elutuba

厨房

köök

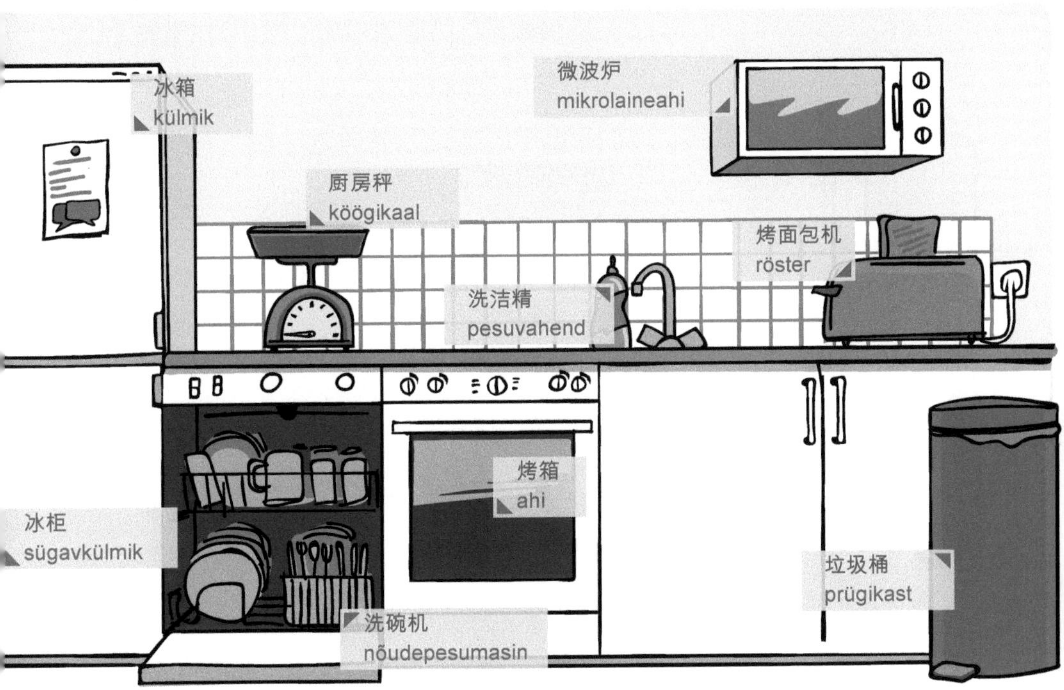

冰箱
külmik
微波炉
mikrolaineahi
厨房秤
köögikaal
烤面包机
röster
洗洁精
pesuvahend
烤箱
ahi
冰柜
sügavkülmik
垃圾桶
prügikast
洗碗机
nõudepesumasin

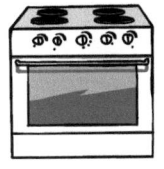

炊具

pliit

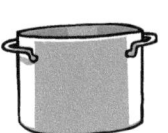

锅

pott

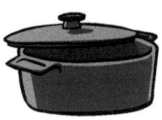

铸铁锅

malmpott

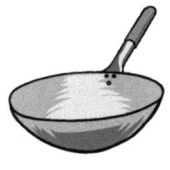

炒锅

vokkpann

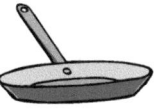

平底锅

pann

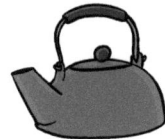

水壶

veekeetja

蒸锅

aurutaja

烤盘

küpsetusplaat

陶瓷锅

lauanõud

马克杯

kruus

碗

kauss

筷子

söögipulgad

长柄勺

kulp

铲子

pannilabidas

搅拌器

vispel

滤网

kurn

筛子

sõel

磨碎机

riiv

研钵

uhmer

烧烤

grill

明火

lahtine tuli

菜板

lõikelaud

擀面杖

tainarull

开瓶器

korgitser

罐子

konservipurk

开罐器

konserviavaja

隔热手套

pajakinnas

水槽

kraanikauss

刷子

hari

海绵

pesukäsn

搅拌机

kannmikser

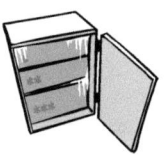

冷藏箱

sügavkülmuti

奶瓶

lutipudel

水龙头

segisti

厨房 - köök

浴室

vannituba

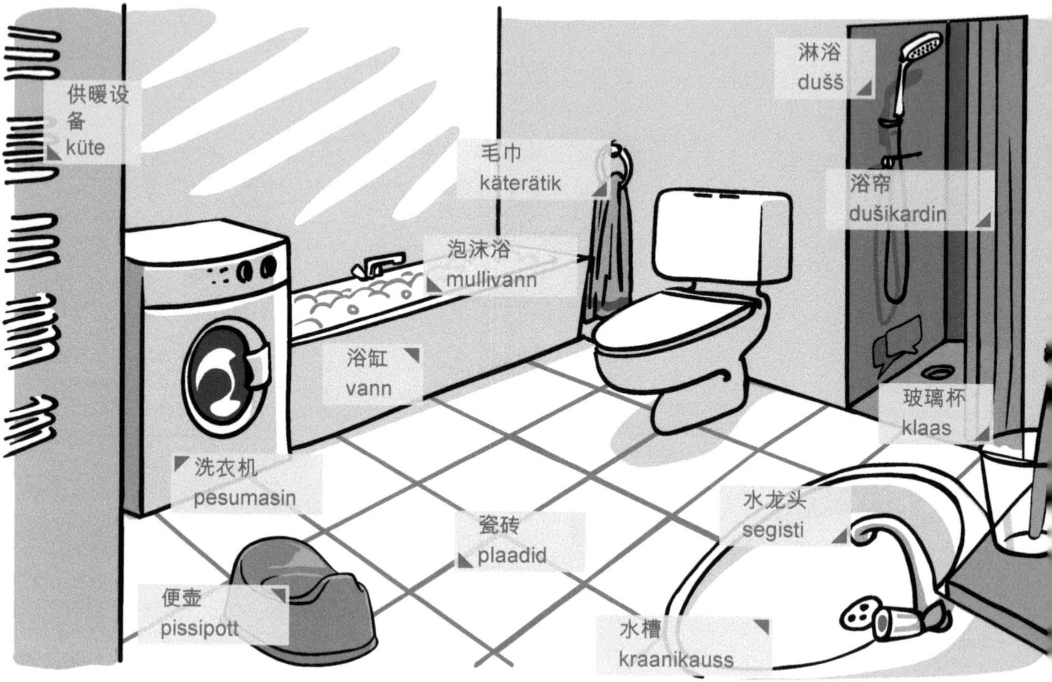
淋浴
dušš
供暖设备
küte
毛巾
käterätik
浴帘
dušikardin
泡沫浴
mullivann
浴缸
vann
玻璃杯
klaas
洗衣机
pesumasin
水龙头
segisti
瓷砖
plaadid
便壶
pissipott
水槽
kraanikauss

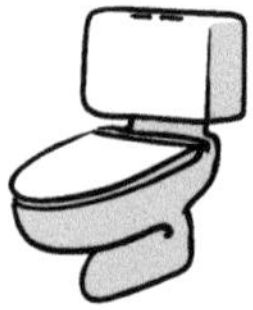

厕所

WC-pott

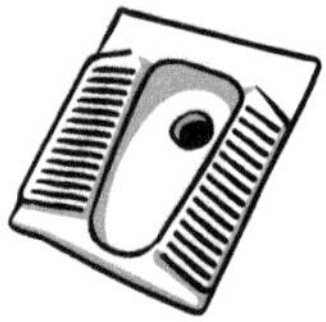

蹲便器

kükitamistualett

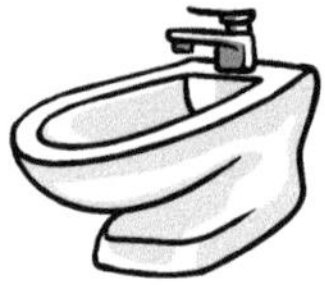

坐浴器

bidee

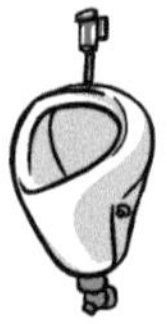

小便池

pissuaar

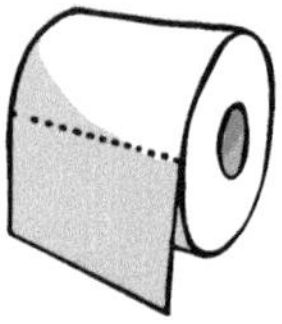

厕纸

tualettpaber

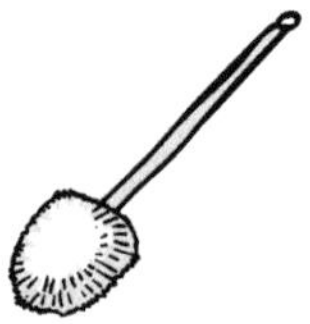

马桶刷

WC-hari

牙刷
hambahari

牙膏
hambapasta

牙线
hambaniit

洗
pesema

手持式喷淋头
käsidušš

冲洗器
intiimdušš

洗脸盆
pesukauss

擦背刷
seljahari

肥皂
seep

沐浴露
dušigeel

洗发水
šampoon

法兰绒
vamm

排水
äravool

乳霜
kreem

除臭剂
deodorant

浴室 - vannituba

39

镜子

peegel

手镜

käsipeegel

剃须刀

habemenuga

剃须泡沫

raseerimisvaht

须后水

habemevesi

梳子

kamm

刷子

hari

吹风机

föön

喷发定型剂

juukselakk

化妆品

meigikomplekt

唇膏

huulepulk

指甲油

küünelakk

化妆棉

vatt

指甲剪

küünekäärid

香水

parfüüm

洗漱包

tualett-tarvete kott

凳子

taburet

计重秤

kaal

浴袍

hommikumantel

橡胶手套

kummikindad

卫生棉条

tampoon

卫生巾

hügieeniside

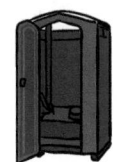

化学厕所

keemiline tualett

儿童房
lastetuba

闹钟
äratuskell
毛绒玩具
pehme mänguasi
玩具车
mänguauto
拨浪鼓
kõristi
玩具屋
nukumaja
礼物
kingitus

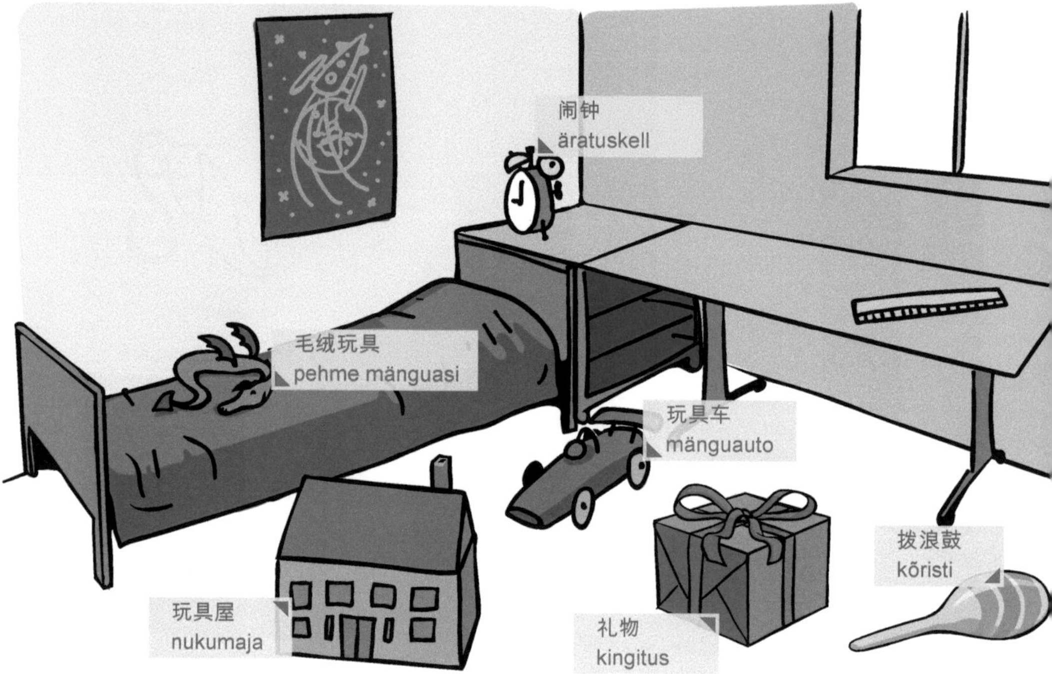

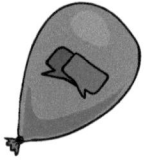

气球
õhupall

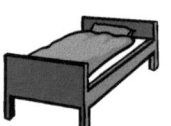

床
voodi

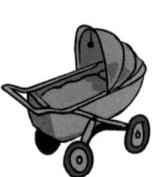

（洋娃娃用）婴儿车
lapsevanker

扑克牌
kaardipakk

拼图
pusle

SUPER
MEGA

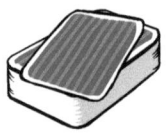

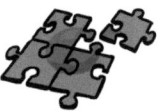

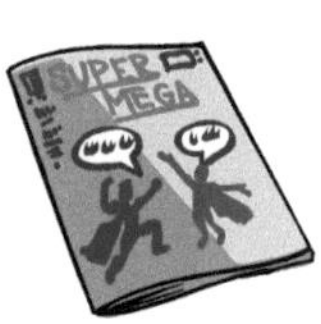

漫画
koomiks

乐高积木

Lego klotsid

积木玩具

klotsid

玩具人

kujuke

婴儿服

siputuspüksid

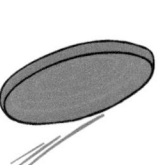

飞盘

lendav taldrik

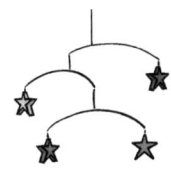

床铃玩具

voodikarussell

棋盘游戏

lauamäng

骰子

täringud

火车模型

mudelrong

安抚奶嘴

lutt

聚会

pidu

绘本

pildiraamat

球

pall

洋娃娃

nukk

玩

mängima

儿童房 - lastetuba

沙坑

liivakast

秋千

kiik

玩具

mänguasjad

游戏机

mängukonsool

三轮车

kolmerattaline jalgratas

泰迪熊

mängukaru

衣柜

riidekapp

衣服

riietus

袜子

sokid

长袜

sukad

紧身裤

sukkpüksid

围巾
sall

雨伞
vihmavari

皮带
vöö

T恤
T-särk

运动鞋
tossud

靴子
saapad

拖鞋
sussid

凉鞋
sandaalid

鞋
jalatsid

雨靴
kummikud

内裤
aluspüksid

胸罩
rinnahoidja

背心
vest

衣服 - riietus

45

身体
bodi

裤子
püksid

牛仔裤
teksapüksid

短裙
seelik

女式衬衫
pluus

衬衫
särk

套头衫
sviiter

卫衣
dressipluus

西装夹克
bleiser

夹克
jakk

外套
mantel

雨衣
vihmamantel

套装
kostüüm

连衣裙
kleit

婚纱
pulmakleit

西装

ülikond

睡袍

öösärk

睡衣

pidžaama

莎丽

sari

头巾

pearätt

包头巾

turban

波卡

burka

卡夫坦

kaftan

(阿拉伯式)长袍

abayah

泳衣

ujumistrikoo

男式泳裤

ujumispüksid

短裤

lühikesed püksid

运动服

dressid

围裙

põll

手套

kindad

纽扣
nööp

眼镜
prillid

手链
käevõru

项链
kaelakee

戒指
sõrmus

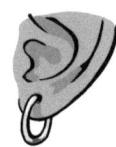

耳环
kõrvarõngas

便帽
nokamüts

衣架
riidepuu

帽子
kaabu

领带
lips

拉链
tõmblukk

头盔
kiiver

背带
traksid

校服
koolivorm

制服
vormirõivad

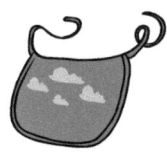

围兜

pudipõll

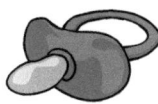

安抚奶嘴

lutt

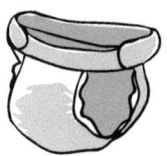

尿不湿

mähe

办公室
kontor

服务器
server
文件柜
arhiivikapp
打印机
printer
纸
paber
显示屏
monitor
鼠标
hiir
办公桌
kirjutuslaud
文件夹
kaust
键盘
klaviatuur
椅子
tool
废纸篓
paberikorv
电脑
arvuti

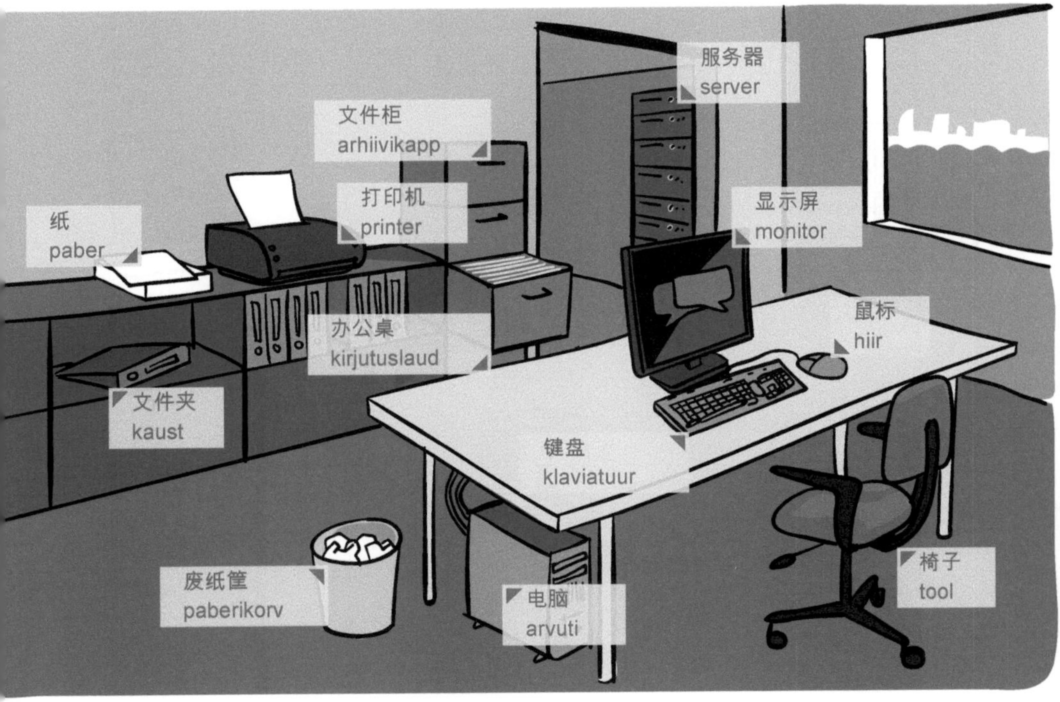

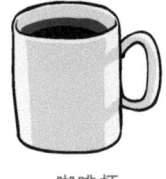

咖啡杯

kohvikruus

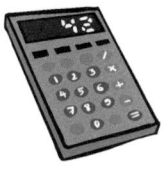

计算器

kalkulaator

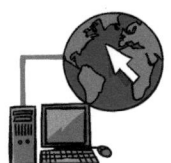

因特网

internet

笔记本电脑
sülearvuti

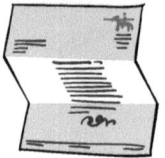

信件
kiri

消息
sõnum

手机
mobiiltelefon

网络
võrk

复印机
koopiamasin

软件
tarkvara

电话
telefon

插座
pistikupesa

传真机
faksimasin

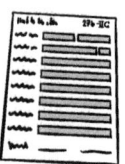

表格
vorm

文件
dokument

买

ostma

付钱

maksma

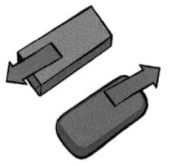

交易

vahetama

现金

raha

美元

dollar

欧元

euro

日元

jeen

卢布

rubla

瑞士法郎

Šveitsi frank

人民币

renminbi jüaan

卢比

ruupia

提款处

sularahaautomaat

外币兑换处

valuutavahetuspunkt

金

kuld

银

hõbe

石油

nafta

能源

energia

价格

hind

合同

leping

税金

maks

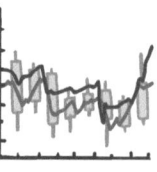

股票

aktsia

工作

töötama

职员

töötaja

老板

tööandja

工厂

tehas

商店

kauplus

警官
politseinik

消防员
tuletõrjuja

厨师
kokk

医生
arst

飞行员
piloot

园丁

aednik

木匠

puusepp

裁缝

õmbleja

法官

kohtunik

化学家

keemik

演员

näitleja

公交车司机

bussijuht

出租车司机

taksojuht

渔夫

kalamees

清洁女工

koristaja

屋顶工

katusepaigaldaja

服务员

kelner

猎人

jahimees

画家

maaler

面包师

pagar

电工

elektrik

建筑工人

ehitaja

工程师

insener

屠夫

lihunik

水管工

torumees

邮递员

postiljon

士兵

sõdur

建筑师

arhitekt

收银员

kassapidaja

花农

lillemüüja

理发师

juuksur

售票员

piletikontrolör

机械师

mehaanik

船长

kapten

牙医

hambaarst

科学家

teadlane

拉比

rabi

伊玛目

imaam

和尚

munk

牧师

preester

工具

tööriistad

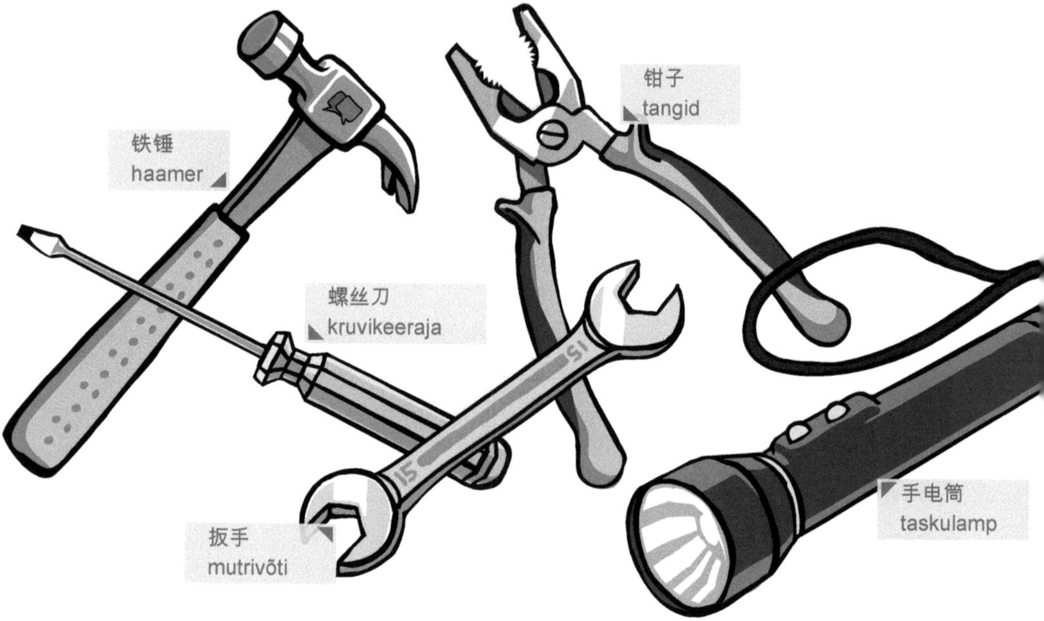

铁锤
haamer

钳子
tangid

螺丝刀
kruvikeeraja

扳手
mutrivõti

手电筒
taskulamp

挖掘机

ekskavaator

工具箱

tööriistakast

梯子

redel

锯子

saag

钉子

naelad

钻机

trell

修
parandama

铲子
labidas

靠！
Põrgusse!

簸箕
kühvel

油漆桶
värvipott

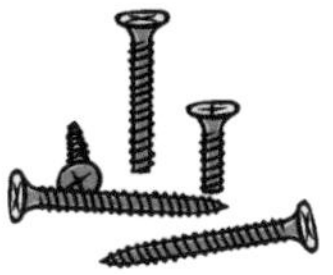

螺丝
kruvid

乐器
pillid

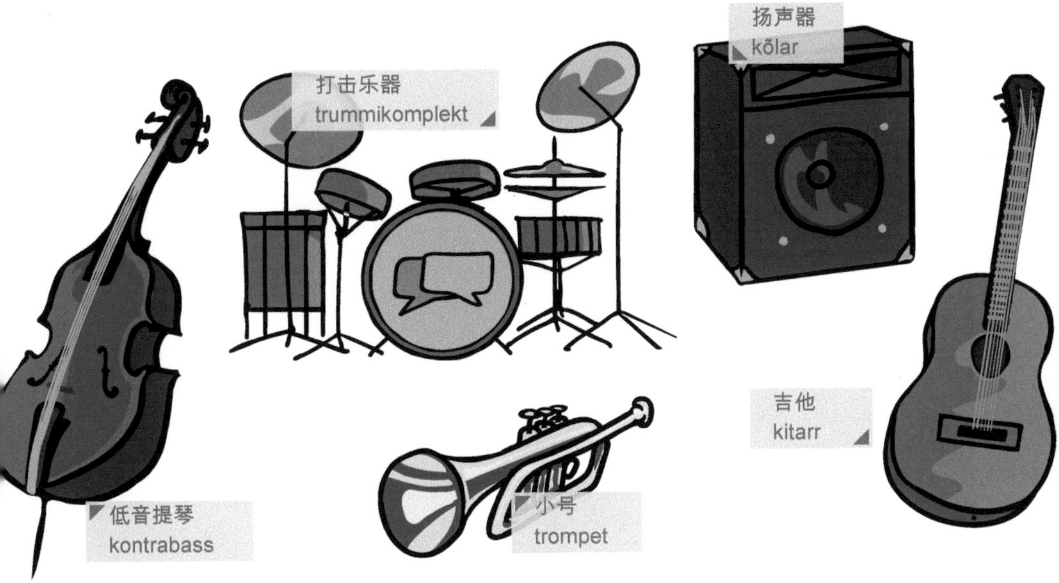

打击乐器
trummikomplekt

扬声器
kõlar

吉他
kitarr

低音提琴
kontrabass

小号
trompet

钢琴

klaver

小提琴

viiul

贝斯

bass

定音鼓

timpan

鼓

trummid

电子琴

süntesaator

萨克斯管

saksofon

长笛

flööt

麦克风

mikrofon

动物园

loomaaed

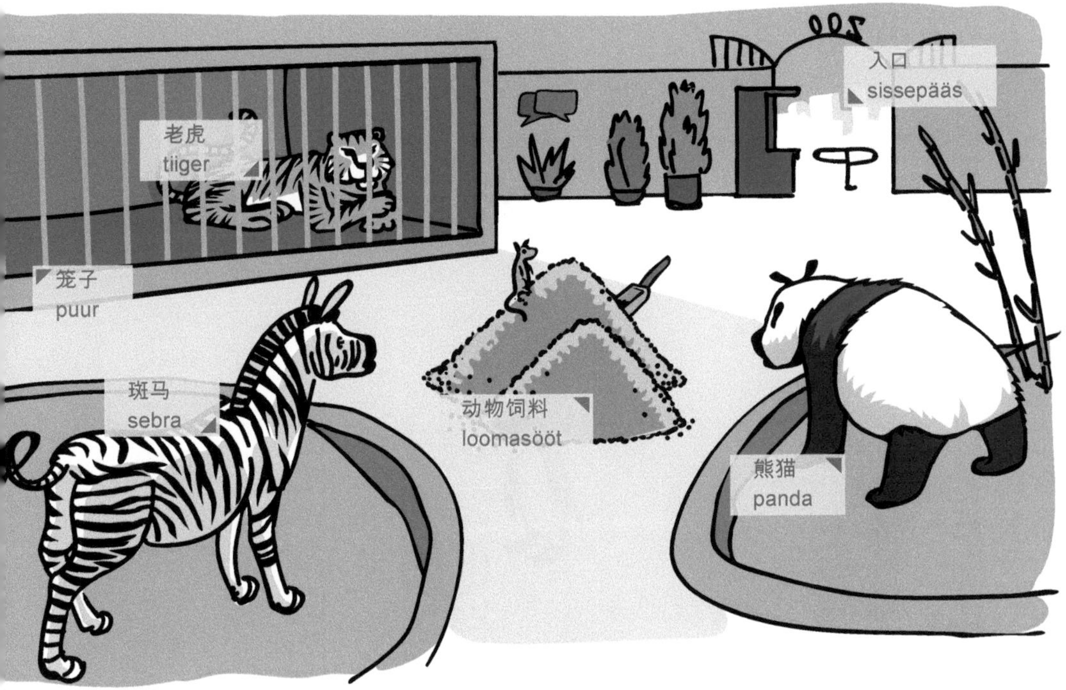

入口
sissepääs
老虎
tiiger
笼子
puur
斑马
sebra
动物饲料
loomasööt
熊猫
panda

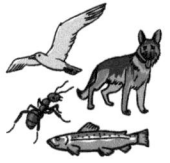

动物

loomad

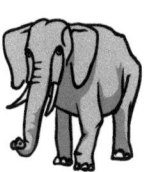

大象

elevant

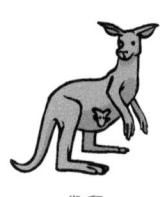

袋鼠

känguru

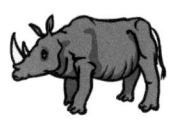

犀牛

ninasarvik

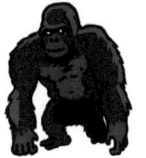

大猩猩

gorilla

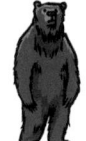

熊

karu

骆驼

kaamel

鸵鸟

jaanalind

狮子

lõvi

猴子

ahv

火烈鸟

flamingo

鹦鹉

papagoi

北极熊

jääkaru

企鹅

pingviin

鲨鱼

hai

孔雀

paabulind

蛇

madu

鳄鱼

krokodill

动物园管理员

loomaaiatalitaja

海豹

hüljes

美洲豹

jaaguar

矮种马

poni

豹

leopard

河马

jõehobu

长颈鹿

kaelkirjak

老鹰

kotkas

野猪

metssiga

鱼

kala

龟

kilpkonn

海象

morsk

狐狸

rebane

羚羊

gasell

橄榄球
Ameerika jalgpall

骑自行车
jalgrattasõit

网球
tennis

篮球
korvpall

游泳
ujumine

冰球
jäähoki

拳击
poksimine

英式足球
jalgpall

羽毛球
sulgpall

田径
kergejõustik

手球
käsipall

滑雪
suusatamine

马球
polo

跳
hüppama

拥抱
kallistama

笑
naerma

唱
laulma

走路
jalutama

祈祷
palvetama

亲吻
suudlema

做梦
unistama

书写
kirjutama

画
joonistama

展示
näitama

推
lükkama

给
andma

拿
võtma

有
omama

做
tegema

当
olema

站
seisma

跑
jooksma

拉
tõmbama

扔
viskama

摔倒
kukkuma

躺
lamama

等待
ootama

携带
kandma

坐
istuma

穿衣
riidesse panema

睡觉
magama

醒来
ärkama

看
vaatama

哭
nutma

抚摸
paitama

梳头
kammima

交谈
rääkima

明白
aru saama

问
küsima

听
kuulama

喝
jooma

吃
sööma

清理
korrastama

爱
armastama

做饭
süüa tegema

开车
sõitma

飞
lendama

航行
purjetama

计算
arvutama

读
lugema

学习
õppima

工作
töötama

结婚
abielluma

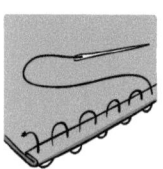

缝
õmblema

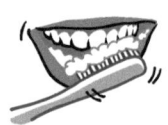

刷牙
hambaid pesema

杀
tapma

抽烟
suitsetama

寄
saatma

perekond

祖母
vanaema

祖父
vanaisa

父亲
isa

母亲
ema

婴童
imik

女儿
tütar

儿子
poeg

客人

külaline

阿姨

tädi

叔叔

onu

兄弟

vend

姐妹

õde

身体

keha

前额
otsmik
眼睛
silm
肩膀
õlg
手指
sõrm
脸
nägu
下巴
lõug
手
käsi
腿
jalg
乳房
rind
手臂
käsivars

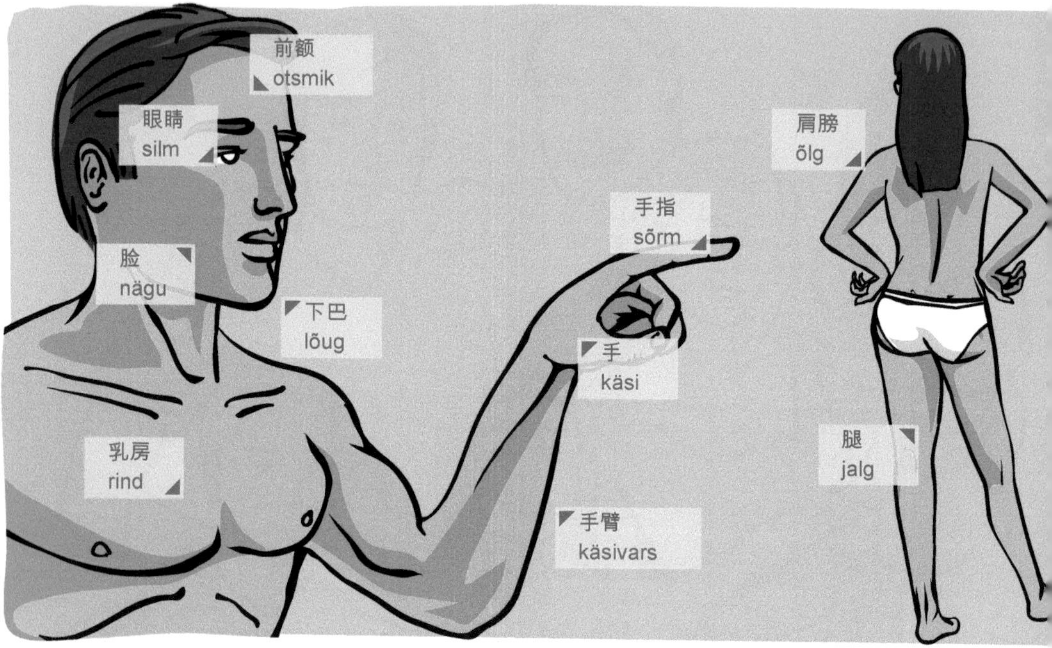

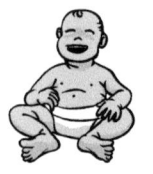

婴童

imik

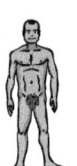

男人

mees

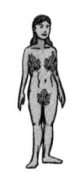

女人

naine

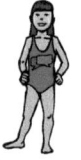

女孩

tüdruk

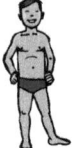

男孩

poiss

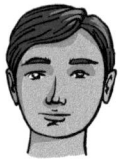

头

pea

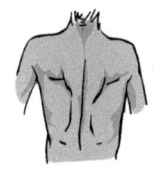

背部
selg

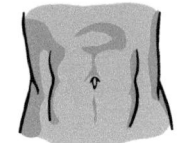

肚子
kõht

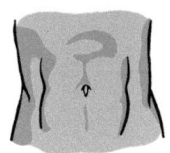

肚脐
naba

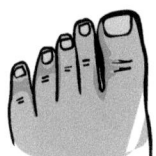

脚趾
varvas

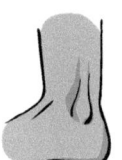

脚后跟
kand

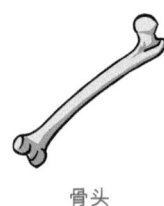

骨头
luu

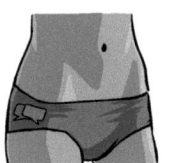

臀部
puus

膝盖
põlv

手肘
küünarnukk

鼻子
nina

屁股
tagumik

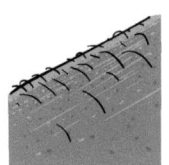

皮肤
nahk

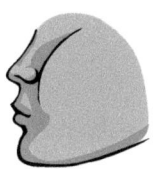

脸颊
põsk

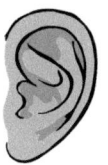

耳朵
kõrv

嘴唇
huuled

身体 - keha

嘴
suu

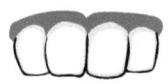

牙齿
hammas

舌头
keel

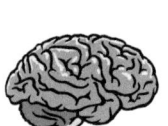

脑
aju

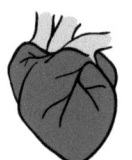

心脏
süda

肌肉
lihas

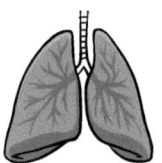

肺
kops

肝脏
maks

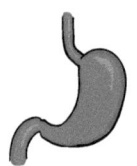

胃
magu

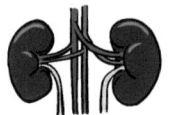

肾脏
neerud

性交
seksuaalvahekord

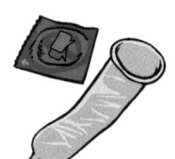

避孕套
kondoom

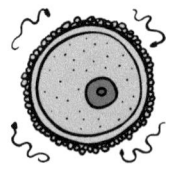

卵子
munarakk

精子
sperma

怀孕
rasedus

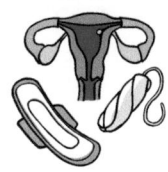

月经
menstruatsioon

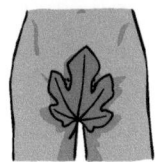

阴道
vagiina

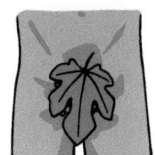

阴茎
peenis

眉毛
kulm

头发
juuksed

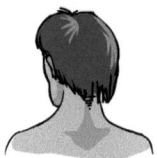

脖子
kael

医院

haigla

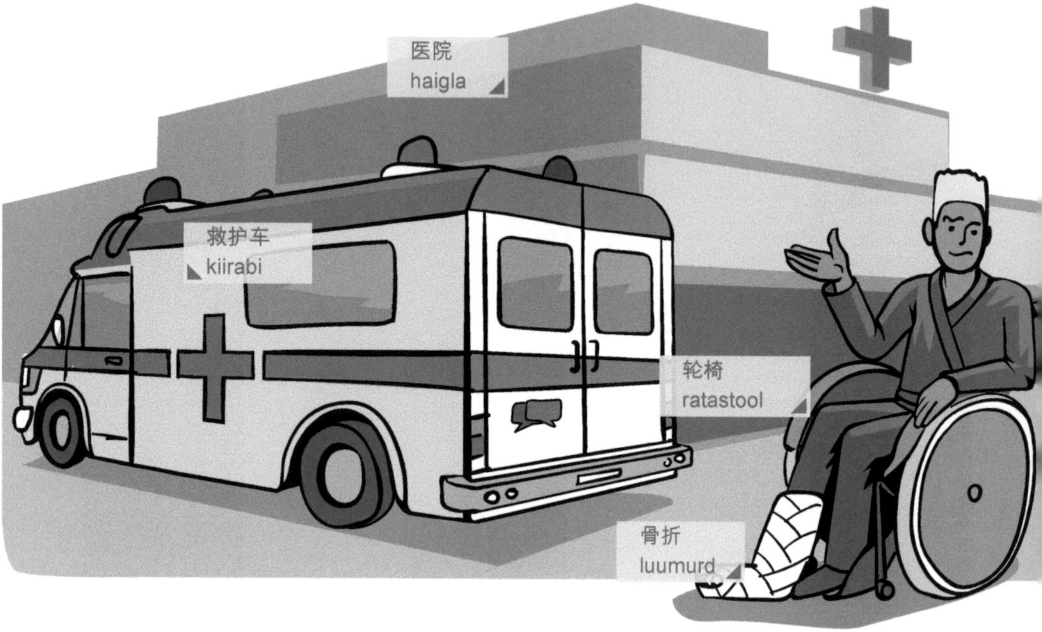

医院
haigla
救护车
kiirabi
轮椅
ratastool
骨折
luumurd

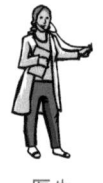

医生

arst

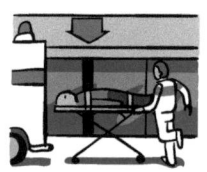

急诊室

traumapunkt

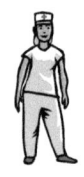

护士

meditsiiniõde

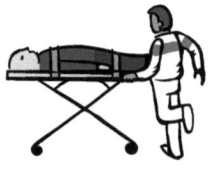

紧急情况

hädaolukord

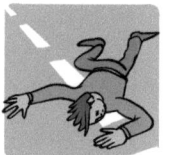

昏迷

teadvuseta

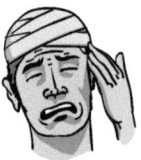

痛

valu

受伤

vigastus

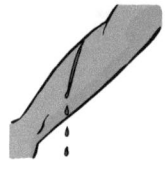

出血

verejooks

心脏病发作

südamerabandus

中风

insult

过敏

allergia

咳嗽

köha

发烧

palavik

流感

gripp

腹泻

kõhulahtisus

头痛

peavalu

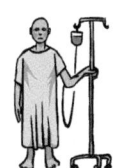

癌症

vähk

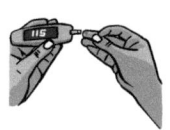

糖尿病

diabeet

外科医生

kirurg

手术刀

skalpell

手术

operatsioon

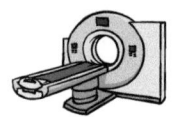

CT
KT

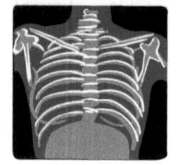

X光
röntgen

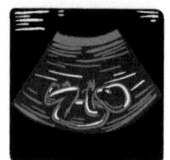

超声波
ultraheli

口罩
mask

疾病
haigus

候诊室
ooteruum

拐杖
kark

石膏
kips

绷带
side

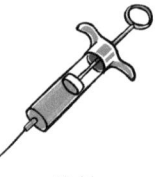

注射
süst

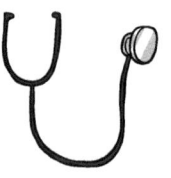

听诊器
stetoskoop

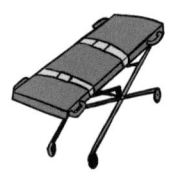

担架
kanderaam

体温计
kraadiklaas

出生
sünd

超重
ülekaaluline

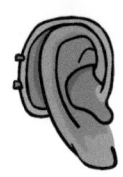

助听器

kuuldeaparaat

消毒液

desinfektsioonivahend

感染

põletik

病毒

viirus

艾滋病

HIV / AIDS

药物

meditsiin

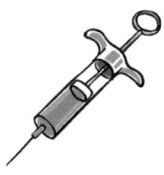

接种疫苗

vaktsineerimine

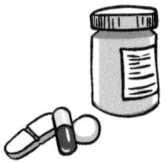

药片

tabletid

药丸

pill

急救电话

hädaabikõne

血压计

vererõhuaparaat

生病/健康

haige / terve

救命！

Appi!

警报

häire

突击

kallaletung

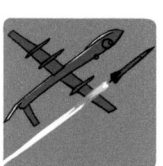

攻击

rünnak

危险

oht

紧急出口

avariiväljapääs

着火啦！

Tulekahju!

灭火器

tulekustuti

意外

õnnetus

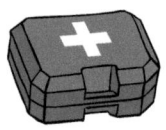

急救箱

esmaabikomplekt

呼救信号

SOS

警察

politsei

欧洲

Euroopa

北美洲

Põhja-Ameerika

南美洲

Lõuna-Ameerika

非洲

Aafrika

亚洲

Aasia

澳洲

Austraalia

大西洋

Atlandi ookean

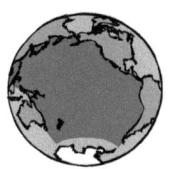

太平洋

Vaikne ookean

印度洋

India ookean

南冰洋

Lõuna-Jäämeri

北冰洋

Põhja-Jäämeri

北极

põhjapoolus

南极

lõunapoolus

南极洲

Antarktika

地球

Maa

陆地

maismaa

海

meri

岛

saar

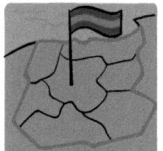

国家

rahvus

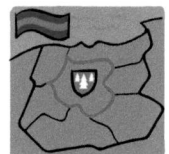

国家

riik

钟面

sihverplaat

时针

tunniosuti

分针

minutiosuti

秒针

sekundiosuti

现在几点？

Mis kell on?

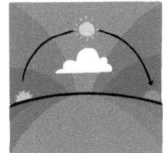

天

päev

时间

aeg

现在

praegu

电子表

digitaalne kell

分

minut

时

tund

周

nädal

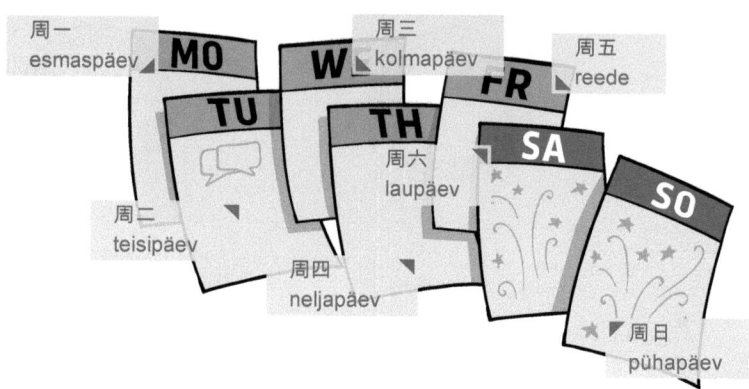

周一 esmaspäev · MO
周二 teisipäev · TU
周三 kolmapäev · W
周四 neljapäev · TH
周五 reede · FR
周六 laupäev · SA
周日 pühapäev · SO

昨天
eile

今天
täna

明天
homme

早晨
hommik

中午
lõuna

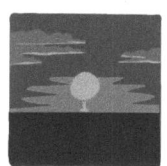

晚上
õhtu

MO	TU	WE	TH	FR	SA	SU
1	2	3	4	5	6	7
8	9	10	11	12	13	14
15	16	17	18	19	20	21
22	23	24	25	26	27	28
29	30	31	1	2	3	4

工作日
tööpäevad

MO	TU	WE	TH	FR	SA	SU
1	2	3	4	5	6	7
8	9	10	11	12	13	14
15	16	17	18	19	20	21
22	23	24	25	26	27	28
29	30	31	1	2	3	4

周末
nädalavahetus

雨
vihm

彩虹
vikerkaar

风
tuul

雪
lumi

春
kevad

秋
sügis

夏
suvi

冬
talv

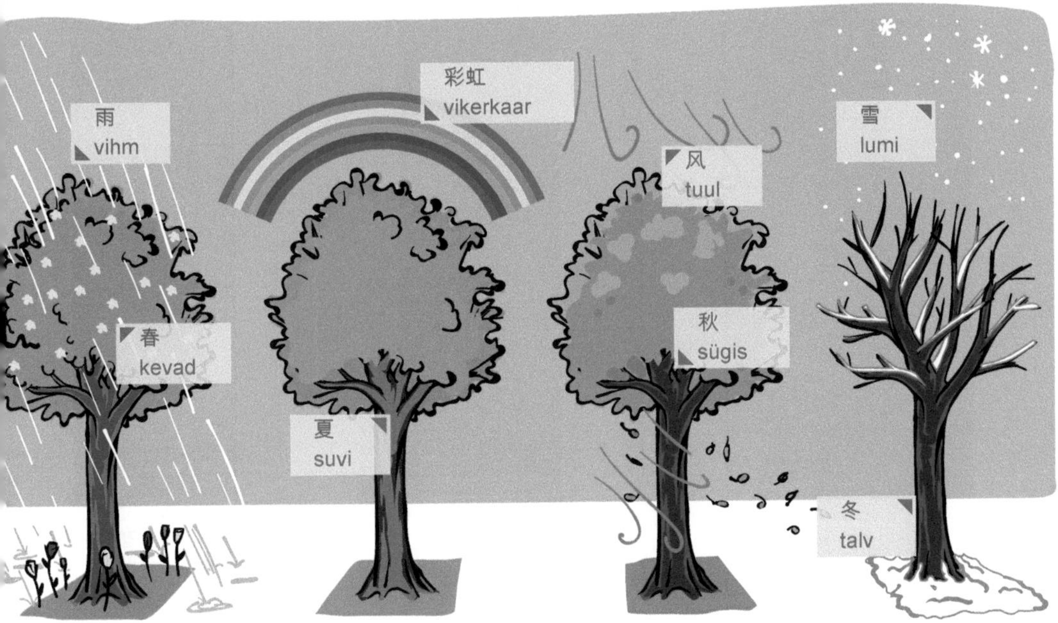

天气预报

ilmaennustus

温度计

termomeeter

阳光

päikesepaiste

云

pilv

雾

udu

潮湿

niiskus

闪电

pikne

打雷

kõu

风暴

torm

冰雹

rahe

季风

mussoon

洪水

üleujutus

冰

jää

一月

jaanuar

二月

veebruar

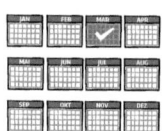

三月

märts

四月

aprill

五月

mai

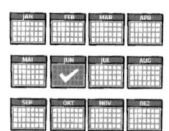

六月

juuni

七月

juuli

八月

august

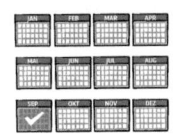

九月
september

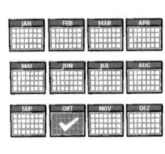

十月
oktoober

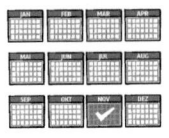

十一月
november

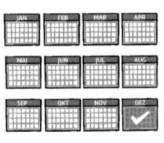

十二月
detsember

形状

kujundid

圆形
ring

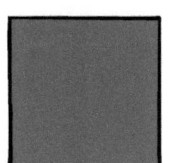

正方形
ruut

长方形
nelinurk

三角形
kolmnurk

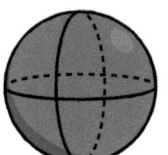

球体
kera

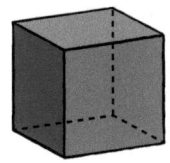

立方体
kuup

白
valge

黄
kollane

橙
oranž

粉
roosa

红
punane

紫
lilla

蓝
sinine

绿
roheline

棕
pruun

灰
hall

黑
must

很多/少许

palju / vähe

生气/平静

vihane / rahulik

美/丑

ilus / inetu

首/尾

algus / lõpp

大/小

suur / väike

明/暗

hele / tume

兄弟/姐妹

vend / õde

干净/肮脏

puhas / must

完整/缺失

täielik / puudulik

白天/晚上

päev / öö

死/生

surnud / elus

宽/窄

lai / kitsas

可食用/非食用

söödav / mittesöödav

邪恶/善良

kuri / sõbralik

兴奋/无聊

põnevil / tüdinud

胖/瘦

paks / peenike

第一/最后

esimene / viimane

朋友/敌人

sõber / vaenlane

满/空

täis / tühi

硬/软

kõva / pehme

重/轻

raske / kerge

饿/渴

nälg / janu

生病/健康

haige / terve

非法/合法

ebaseaduslik / seaduslik

聪明/愚笨

tark / rumal

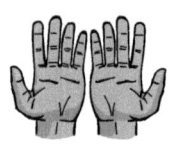

左/右

vasak / parem

近/远

lähedal / kaugel

新/旧

uus / kasutatud

没有/有些

mitte midagi / midagi

老/幼

vana / noor

开/关

sees / väljas

打开/合上

lahti / kinni

安静/吵闹

vaikne / vali

富/穷

rikas / vaene

对/错

õige / vale

粗糙/光滑

kare / sile

伤心/高兴

kurb / rõõmus

短/长

lühike / pikk

慢/快

aeglane / kiire

湿/干

märg / kuiv

温暖/凉爽

soe / jahe

战争/和平

sõda / rahu

0

零

null

1

一

üks

2

二

kaks

3

三

kolm

4

四

neli

5

五

viis

6

六

kuus

7

七

seitse

8

八

kaheksa

9

九

üheksa

10

十

kümme

11

十一

üksteist

12
十二
kaksteist

13
十三
kolmteist

14
十四
neliteist

15
十五
viisteist

16
十六
kuusteist

17
十七
seitseteist

18
十八
kaheksateist

19
十九
üheksateist

20
二十
kakskümmend

100
百
sada

1.000
千
tuhat

1.000.000
百万
miljon

英语

inglise

美式英语

Ameerika inglise

普通话

mandariini

印地语

hindi

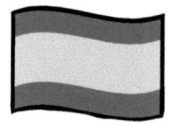

西班牙语

hispaania

法语

prantsuse

阿拉伯语

araabia

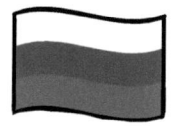

俄语

vene

葡萄牙语

portugali

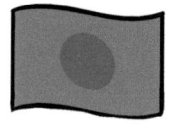

孟加拉语

bengali

德语

saksa

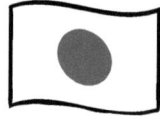

日语

jaapani

我

mina

你

sina

他/她/它

tema

我们

meie

你们

teie

他们

nemad

谁？

kes?

什么？

mis?

怎样？

kuidas?

哪里？

kus?

什么时候？

millal?

名字

nimi

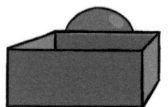

后面

taga

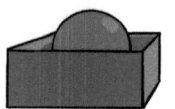

里面

sees

前面

ees

上方

kohal

上面

peal

下面

all

旁边

kõrval

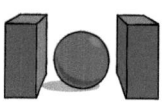

中间

vahel

地点

koht